AF583073

Mi historia, mi sanación

¿Cómo repercuten las heridas de la infancia en nuestra vida?

Inés Sánchez Alarcón

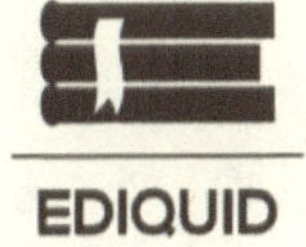

EDIQUID

MI HISTORIA, MI SANACIÓN
¿Cómo repercuten las heridas de la infancia en nuestras vidas?

Editado por: Corporación Ígneo, S.A.C.
para su sello editorial Ediquid
José Olaya 169, Ofic. 504, Miraflores. Lima, Perú
Primera edición, marzo, 2024

ISBN: 978-612-51-42-00-9
Impresión bajo demanda

Hecho el Depósito Legal en la Biblioteca Nacional del Perú N° 2023-12776
Se terminó de imprimir en marzo del 2024 en:
ALEPH IMPRESIONES SRL
Jr. Risso Nro. 580 Lince, Lima

www.grupoigneo.com
Correo electrónico: contacto@grupoigneo.com
Facebook: Grupo Ígneo | X: @editorialigneo | Instagram: @grupoigneo

Ilustración de portada: Javiera Gómez

Colección: Integrales

Índice

Este libro, que hice mil veces antes de que estuviera listo, no tuve más que poner mi alma al costado del papel y escribirlo.

Cita adaptada de Cyrano de Bergerac

Este libro pretende que entendamos que la mayoría de los días de nuestra vida han sido manejados, de forma inconsciente, por nuestros programas y creencias, grabados desde nuestra gestación. Si queremos profundizar más, podemos sumar la información que nos entrega el ADN de nuestros padres, abuelos y bisabuelos.

Esta obra nos invita a reconocer cada una de nuestras heridas a través de historias reales, que son las mismas que se repiten una y otra vez en distintos escenarios. Los personajes suelen ser los mismos: víctimas y victimarios. «¿Por qué?», porque cargan con las mismas heridas que, de acuerdo con la teoría de Lise Bourbeau, serían el abandono, la traición, el rechazo, la humillación y la injusticia.

Muchos de los personajes de este libro no pudieron salir de su historia de dolor, no fueron capaces de ver que estaban heridos. Sin embargo, este libro nos acompaña a reconocerlas en nosotros y así ser conscientes de que tenemos una o más de estas heridas, las cuales podemos sanar.

Estas heridas emocionales repercuten en todos los ámbitos de nuestra vida cuando somos adultos: en el ámbito laboral, de pareja, en la familia, etc. La mayoría de las veces nos enfocamos en buscar culpables externos, poniéndonos máscaras para ocultar el dolor que nos provoca el sentir una y otra vez esas heridas que se encuentran en lo más profundo de nosotros. Al reconocer que las tenemos, ya estamos en vías de sanar y dejar de repetir las mismas experiencias dolorosas que se grabaron en nuestra niñez.

Al final de este libro y sus historias, te darás cuenta de que detrás de esas experiencias dolorosas e injustas, muchas veces hay solución. Es más saludable que ir por la vida culpando a todo nuestro entorno: padres, hermanos, familiares, vecinos, jefes, compañeros de trabajo, mengano y sultano. Convertirnos en verdaderos clarividentes que leen la mente de lo que piensan los demás en contra de nosotros y sentirnos las víctimas de la historia, no es la solución.

La sanación de nuestro niño interno herido es lo más maravilloso que nos puede suceder en nuestras vidas. Nos da la libertad para ser quienes somos: seres únicos y divinos con múltiples posibilidades en esta vida. No somos seres atrapados en historias novelescas que parecen ser muy reales y duelen hasta el alma cuando las revivimos una y otra vez.

Dedicatoria

Este libro está dedicado a:

La Divinidad por tomar mi mano cada día y guiar mis pasos; a mis hijos que me inspiraron a trabajar en mis propias heridas para poder verlos y hacerme cargo con amor de ellos cada día de mi vida; a mi esposo, mi gran compañero de esta vida con quien hemos crecido juntos. Nos conocimos como dos niños heridos y nos hemos ido transformando en adultos responsables.

A mi madre, mujer poderosa y sabia, mi gran compañera y maestra. A Sergio, que ha sido mi protector y guía en este camino de la vida. A mi abuelo Héctor, mi gran Chol Chol, donde quieras que estés. Te llevo en mi sangre y te honro viviendo esta vida con amor. A mi madrina Elsa, una mujer maravillosa como ninguna otra. A mi abuela Inés quien con su breve experiencia de vida nos mostró un camino de trabajo potente en la vida de las mujeres de la familia. A Ivett con quien juntas hemos sentido las heridas proyectadas desde el dolor transgeneracional. A mi padre que me dio la vida. A mi hermano Delfy quien me ha mostrado, con su dedicación y profesionalismo, cómo reparar el árbol familiar. A mi abuela Marta, una mujer fuerte llena de amor.

A toda mi familia, a mis amigas y amigos y a mis pacientes que con su confianza me han motivado para seguir entregando con amor y dedicación al servicio de la vida y a mis mascotas ya que detrás de sus proyecciones de ternura y dolor pude ver y reconocer una parte de mis heridas.

Gracias, gracias, gracias.

Capítulo I

¿Qué son las heridas de la infancia?

Las heridas emocionales son el precio que todos tenemos que pagar para ser independientes.

Haruki Murakami

De acuerdo con la literatura e investigaciones que he realizado, las heridas de la infancia son lesiones afectivas que se transforman en patrones o programas inconscientes que duelen en el alma.

En este libro hablaremos de las cinco heridas de la infancia que Lise Bourbeau describe en su teoría: el abandono, la injusticia, la traición, el rechazo y la humillación. Aquí se mostrarán, a través de diferentes historias de la vida real, cómo se van originando estas heridas a muy temprana edad y lo desgarradoras y dolorosas que pueden llegar a ser bajo la interpretación de un niño o niña.

Los chamanes dicen que cuando una persona tiene un trauma o algún dolor durante su infancia, pierde parte de su alma y para poder vivir con bienestar y cumplir su misión de vida debe ir a buscarla.

Este pedazo de alma siempre está en un lugar sagrado de nuestro interior conocido por los grandes autores como el inconsciente.

Cuando no queremos reconocer estas heridas en nosotros, utilizamos máscaras como mecanismo para no sufrir. Mecanismo que utiliza el ego para engañar a nuestra mente con la pretensión de que es para protegernos del dolor. Estas heridas van cambiando de acuerdo con las experiencias que vamos viviendo a lo largo de nuestra vida. Se activan en escenarios similares, pero con diferentes personajes.

Cuando reconocemos estas heridas en nosotros y las trabajamos para sanarlas, nos hacemos conscientes de que, al proyectar nuestras heridas hacia afuera, utilizamos estas máscaras para evadirlas. Sin embargo, estas se hacen más profundas.

Por ejemplo, si la herida de dolor nos hace evitar a toda costa sentir el abandono, voy a utilizar la máscara que utilizaría una persona dependiente, que hace grandes sacrificios para que el otro no la abandone. Sin embargo, esta máscara hará que yo me abandone en el otro y no me habite. Por lo tanto, esta situación me mostrará mi propio abandono al abandonarme o hará que abandone a otros antes que me abandonen.

La única persona que puede decidir si avanza en la vida con una herida que se ha transformado en cicatriz o hacer que esa herida abierta y dolorosa transforme a un individuo en una víctima que transite por la vida, somos nosotros mismos. Porque somos más que nuestras historias dolorosas, somos vida, somos amor, somos perdón y estas son las herramientas más poderosas para ser únicos y libres.

Capítulo II

¿Quién es el niño interno o niña interna?

Somos hijos en nuestro pasado y padres del futuro.

Borja Villaseca

El niño o niña interno es una metáfora, una parte antigua de nosotros mismos que aparece en forma de emoción. El niño interno representa nuestra autoestima, lo más íntimo y lo más vulnerable. Esta figura aparece en la rama de la psicología de la Gestalt, y se refiere a la estructura psicológica más vulnerable y sensible de nuestro «yo». Se forma a partir de las experiencias, tanto positivas como negativas, en los primeros años de la infancia.

Distintas corrientes de la psiquiatría y de la psicología han desarrollado el concepto del niño interno para entender situaciones que aún no han sido curadas y que se abren siempre, en forma inconsciente, afectando nuestra vida de adulto. Todos hemos tenido experiencias en nuestra infancia que no pudimos resolver ni elegir. Si estas vivencias no fueron sanadas, nuestro niño interno quedó lastimado. Esas son las heridas de la infancia.

El niño interno es como una memoria almacenada dentro de nuestra mente y nuestro cuerpo, que conforma un lente desde el cual miramos el mundo adulto al crecer. Este mundo adulto está teñido por nuestras interpretaciones y por la manera en cómo procesamos estas experiencias en la infancia. Cuando somos pequeños, tenemos necesidades fisiológicas, emocionales y espirituales que muchas veces nuestros padres, madres o las figuras que oficiaron como cuidadoras, no pudieron o no supieron satisfacer. Al pasar a la adultez, es nuestro deber sanar a ese niño interno herido e insatisfecho.

Para tener una relación sana con el niño interno, tenemos que saber cómo fuimos tratados por nuestros padres y tutores, cómo era el ambiente que se vivía en nuestro hogar y lo más importante: cómo el niño interno procesó ese trato o esa vivencia. Por eso es tan importante saber cuáles son las heridas que tiene nuestro niño interno. Es la primera etapa para sanar: mirar nuestro interior.

Este es nuestro tema, ya que todos tenemos en nuestro interior un niño herido. Como padres, también vamos a generar heridas en nuestros hijos; esto forma parte del proceso de crecimiento. La experiencia va a determinar los programas y creencias y viceversa y así nos iremos construyendo. Muchas veces vamos a transitar por el dolor y la oscuridad, lo que es necesario para saber el valor de la felicidad. Hay que aprovechar a nuestros padres, conocerlos, ver sus creencias limitantes, no desde la mirada del rechazo o del rencor, sino desde una contemplación compasiva. Desde este punto de partida nos daremos cuenta de que ellos no tenían otras herramientas en esos momentos y así, como adultos, podremos evolucionar.

Lo ideal es reconocer qué siente nuestro niño interno, hacer lugar a las emociones sin juzgarlas, tener un diálogo interno con amor con nosotros, utilizando un lenguaje que nos valide. Nuestra tarea como adultos es sanar nuestro niño interno y solo será posible dejando de pedir cariño y cuidado a nuestros padres y siendo nosotros nuestros propios padres y madres de nuestro niño interno.[1]

[1] En este libro el término *niño interno* se refiere tanto a niños como a niñas. Estas historias son verídicas de personas reales.

Capítulo III

El abandono

Nunca es tarde para tener una infancia feliz.

Milton Erickson

En esta historia vamos a poder ver y comprender la herida del abandono, desde la interpretación de la mente de una niña de cuatro años, y visibilizar cómo se ha manifestado a lo largo de su vida.

Son las cinco de la mañana y mis tías me toman de las manos. Yo me despierto y las veo llorar, no sé qué pasa, mi papá debe estar con mi mamá. Me visten, salimos de la casa y caminamos por la calle. Entre ellas hablan y dicen que cómo van a hacer para que no se entere la abuela ni el abuelo, porque se morirían con tan terrible noticia. Me advierten que tenemos que entrar calladitas para no despertar a nadie. Lloran y lloran, no entiendo nada. Llegamos a la casa y de repente comienzan a descolgar los cuadros y a tapar los espejos con telas negras. Mientras se mueven de un lado para el otro, yo no puedo dormir y quiero a mi mamá. Estoy asustada.

El cansancio me gana y me duermo esperando a mi mamá. Al día siguiente comienzan a llegar tíos y personas que no conocía y todos saludan a mi padre que llora desconsolado. La gente está vestida de negro y hay un ataúd en el centro del *living*. ¿Dónde estás, mamá? Estoy sola, tengo mucho miedo, la gente me mira y algunos me abrazan y dicen «pobrecita». Otros cuchichean y me miran. ¡Mamá, dónde estás! ¡Tengo mucho miedo! Mamá, ¿dónde estás? ¿Por qué todos lloran? ¿Por qué la abuela grita? ¿Por qué papá no se acerca a mí? ¿Por qué llora? ¡¿Mamá, dónde estás?!

No entiendo por qué no estás conmigo. Me abraza gente que no conozco y me miran desde sus asientos. ¡Mamá!, ¿dónde estás? ¿Por qué no estás aquí conmigo? La gente come, algunos lloran. Así transcurrió todo el día y el siguiente. ¿Dónde estás, mamá? Tengo tanto frío, tanto miedo. Mis tías me cuidan y mientras sirven la comida, lloran, no sé qué pasa. Me quedé dormida llorando en un rincón del *living*.

Al día siguiente, por la mañana, mi tía me vistió con un vestido negro y me peinó con unas cintas negras mientras escuchaba su llanto silencioso. Me quería decir algo y no podía entre los sollozos. Mi padre se acercó, se arrodilló y me abrazó. No podía hablar, solo lloraba. Cuando llegó la tía mayor, vestida de negro, le hizo un gesto de que no se preocupara, que ella iba a hablar conmigo. Se acercó, se agachó y me dijo:

—¿Ves ese cajón que está ahí?

—Sí —le respondí.

—Ahí está tu mamá, se fue a descansar.

Yo no entendía nada. ¿A dónde se fue a descansar mi mamá en ese cajón cerrado? Me levantaron para que la viera y parecías una princesa durmiendo, como los cuentos que me contabas. Me costó reconocerte. Mi mamá se fue, me abandonó. Tal vez no me quería, tal vez hice algo malo, tal vez fue cuando ensucié el vestido el otro día. Todas esas preguntas me las hice por mucho tiempo. No entiendo por qué te fuiste. Ya han pasado muchos años desde entonces. Las personas hablaron muchas cosas. Se me olvidó cómo eras, mamá. A veces te veía en sueños. Algunas personas decían que mi mamá nunca me quiso, otras que me encontraba fea, otras decían que ella era muy exigente. Y así escuché muchas versiones de ella.

Siempre crecí pensando que se fue porque yo no era suficiente, porque no me quería. Crecí, me enamoré, encontré el amor y la vida me sorprendió. Cuando esperaba a mi primera hija, esperaba con ansias que naciera para nombrarla con el nombre de mi madre. Lo único que sabía era que quería llamarla como ella.

Cuando supe que estaba embarazada era muy joven. Tenía mucho miedo de que se enteraran mi padre y su esposa, que era mi madrina, a quien yo tanto amaba. Se sentirían defraudados y tenía miedo de que de nuevo me dejaran de amar. Escondí a mi bebé entre mi ropa, pero llegó el momento en que fue imposible ocultarlo. Mi vientre comenzó a crecer hasta que un día me descubrieron. Mi padre se enfureció, mi madrina se puso muy triste. De nuevo hubo gritos: ¡me defraudaste!, ¡ahora te arruinaste la vida!, ¡no vas a poder estudiar!, ¡qué va a decir la gente!

Esas eran algunas de las frases que escuché. Pero de pronto se escucha una voz que dice: hay que ir con la partera para solucionar esto. Yo quería a mi bebé, porque sabía que podía llamarla con el nombre de mi madre. La podría abrazar, era mía. Me llevaron en el auto con la partera. Llegamos a un lugar con olor a alcohol, yo lloraba, no te quería perder, eras mía y de mi amor. Por designios del destino ya tenías muchos meses de gestación y ella no se atrevió a matarte. Regresamos a la casa y el ambiente se tornó frío. Me sentía sola, abandonada, nadie me hablaba. Había hecho algo muy malo para ellos.

Al día siguiente, me pidieron que guardara mis cosas en una maleta porque me llevarían lejos, a la casa de mis abuelos, por vergüenza, para que nadie me viera. Mi padre no me habló durante mucho tiempo; mi madrina me enviaba leche y alimentos. Después de un tiempo mi padre me fue a buscar. No sé si por tener un peso en su conciencia o porque ya me había perdonado. Fue ahí cuando se rompieron las aguas y tuve que ir a un hospital a tener a mi bebé. No sabía qué pasaba, me dejaron allí y se fueron.

Estuve sola en ese lugar. Algunas madres gritaban de dolor, otras lloraban. Era la maternidad, nadie estaba feliz en ese lugar, era traumático. Yo también lloraba a causa del dolor y del miedo. El dolor de traer a mi hija a este mundo, el dolor de estar sola, el dolor de sentir el abandono en mi piel, porque no había nadie. Otra vez estaba sola y no sabía qué pasaba, qué sucedería ahora. Lo único que sabía era que me dolían mis entrañas.

Me encontraba entre el dolor de las madres que sollozaban porque sus hijos habían nacido muertos, hijos que lloraban porque sus madres habían fallecido y tenían hambre de amor, madres con sus pechos llenos de leche sin poder dárselos a sus hijos. Yo estaba ahí, entre todas ellas, con mi hija a punto de nacer. Cuando llegó mi bebé a este mundo, las matronas me entregaron un bulto de pañal y no sabía qué hacer. No tenía a mi mamá, nadie me había contado lo que sucedería cuando naciera mi hija, no sabía cómo amamantarla. Era hermosa. Y lo primero que hice fue llamarla por su nombre, el mismo que el de mi madre. Mi alma se expandió entre mi corazón, un amor que solo podría reconocer una mamá.

Todo fue diferente desde ese momento. Me fue a buscar toda la familia. Estaban muy felices. En ese momento no entendía nada. Pasaron de la tristeza a la alegría y la dicha. Mi hija creció y llegó el momento en que sentí que tenía que irme. Había días que me sentía angustiada, quería salir corriendo a buscar algo en el mundo. Le dejé mi bebé a mi padre y a mi madrina, sabía que a ella la podía cuidar bien, así como me cuidó a mí. Yo no podía, no pude, no supe cómo. Pasaron los años y mi hija creció, era una joven que, una y otra vez, me reprochaba que la había abandonado. Se sentía abandonada por mí y yo también sentía que me había abandonado. Me sentía a la deriva, muchas veces quería acercarme y abrazarla, pero no sabía cómo. Y solo escuchaba sus reproches, que para mí eran injustos. Dejé muchas veces de lado mis proyectos y mis sueños porque sentía que no era capaz ni suficiente.

No le daba importancia a mi salud y a mi cuerpo. No me habitaba. En ocasiones sentía tanta angustia y ansiedad que temía morirme o volverme loca. Mi pareja, ese hombre al que le entregué más que mi vida, también me abandonó tiempo después. La herida del abandono estaba en mi corazón. Me di cuenta, mientras transitaba el camino de la vida, que la persona que se abandonaba cada día era yo. Hice de la herida del abandono mi compañera. Cuando la reconocí en mí, comencé a cuidarme y a protegerme, me sentí una persona importante por el solo hecho de existir.

La herida del abandono tiene un significado asociado al hecho de olvidar, de dejar y de alejar. En el caso de esta historia, esta herida representa un tipo de abandono que se materializa con la muerte de un ser querido. En esta historia, la madre es la que desaparece del plano físico, lo que modifica una parte fundamental en nuestro crecimiento y estructura emocional en los primeros años de vida. Hay vivencias en las que un niño las percibe como abandono: enfermedades, viajes, trabajo de los padres o de los tutores, nacimiento de un hermanito, al que se le entregará más atención dejándolo de lado, asociando esta situación como un abandono. De todas estas vivencias un niño o una niña puede crear la herida del abandono.

De acuerdo con Lise Bourbeau, las personas que sufren la herida del abandono experimentaron de niños falta de comunicación con el progenitor del sexo opuesto, convenciéndose de que no les prestaban atención. La persona que tiene esta herida experimenta con frecuencia mucha tristeza y la sensación de sentirse poco importante. La experiencia vivida no se encuentra asociada a un abandono en sentido estricto; sin embargo, cómo procesó el niño o la niña esa experiencia desde su mirada infantil, va a determinar el tipo de vivencia que albergará en su inconsciente.

La herida del abandono, muchas veces en la interpretación de la experiencia, hace que la persona que tiene ese niño interno herido tenga una máscara de dependencia emocional o, en ocasiones, esa misma persona abandone para evitar el dolor de sentirse abandonado. En nuestra historia podemos ver que el personaje que vive el abandono percibe la muerte de su madre con culpa, como si ella fuera la culpable de ese abandono. Debido al dolor que sintió durante el funeral de su madre, donde nadie le explicaba lo que sucedía, se puede visibilizar cómo esta situación provocó una gran ansiedad y angustia en la niña.

Esta misma sensación la vuelve a vivir en diferentes etapas de su vida, lo que la obliga a crear una máscara para protegerse del dolor que le provoca el ser abandonada: la máscara del dependiente. También hay que tener en cuenta que la intensidad de la herida va a determinar la profundidad de ese antifaz. A menudo su mundo termina transformándose en un espacio de situaciones dramáticas con la finalidad de llamar la atención, para sentirse visible y acompañada. Puede provocar enfermedades y desarrollar una actitud victimista.

Todos estos procesos son a nivel inconsciente. Al final del capítulo, nuestro personaje, ya adulta, se da cuenta de que se abandonaba por otros y que había sido una víctima de la vida. Sin embargo, esta actitud no la liberaba del dolor que provoca la herida del abandono. Al reconocer su máscara de dependiente, comenzó a sanar cambiando su programa de abandono por pensamientos de autovaloración.

Capítulo IV

La traición

Nos encontramos una y otra vez con miles de disfraces en el camino.

Carl Gustav Jung

La traición es una de las experiencias más dolorosas que podemos vivir. Siempre que se quiebra nuestra confianza se abre una herida que tarda en sanar. En este capítulo vamos a ver cómo se origina la herida de traición en la mente de una niña de seis años que se siente traicionada por su madre.

Yo miraba por el cerrojo de la puerta de mi habitación las fiestas que se hacían en mi casa, eran con mucha música. Observaba cómo llegaban los hombres y las mujeres, todas alegres con vestidos llamativos, que cantaban, tomaban vino y se reían. Todos bailaban y se tocaban entre ellos. Yo trataba de dormir y no podía porque el ruido era muy fuerte. Mi mamá decía que no le abriera la puerta a nadie, aunque dijeran que ella los había enviado. Siempre tenía miedo. ¿Esa gente no era buena? Me pasaba todas las noches encerrada en mi habitación, noche tras noche.

En las tardes llegaba Mariano, era joven y venía a peinar y a maquillar a las mujeres. Era como una mujer: muy alegre, exagerado y simpático. Nunca supe qué era, si hombre o mujer y cuando llegaba a la casa significaba que teníamos fiesta de nuevo y que otra vez me encerrarían en mi habitación con una rebanada de pan y una taza de té.

A veces, uno que otro invitado, golpeaba la puerta con insistencia. Yo no les abría, me escondía en el ropero, hasta que aparecía mi madre con una voz fuerte y les preguntaba: «¿Qué haces ahí? ¡Aléjate!». Yo ya sabía que no debía abrir esa puerta. Mi madre me decía: mañana viene tu tío Juan, pero no le digas que estuvo el tío Luis anoche. Al día siguiente llegaba el tío Pedro y tampoco le podía contar que había estado el tío Juan. Mi madre, todos los días me llevaba a la plaza y me prometía un helado, pero nunca me los compraba, solo nos sentábamos a mirar a una mujer y a un hombre que trabajaban en un negocio. Cuando se cansaba de mirarlos y de fumarse un cigarro volvíamos a la casa. Ella siempre estaba muy enojada y jamás me compraba los helados que prometía.

Después, con el tiempo, supe que ella estaba enamorada del marido de esa mujer. Los escuché una noche hablar cerca de mi puerta. Ella le reprochaba que lo había visto de nuevo con su mujer. Él le decía que pronto la dejaría y que se casarían. Era todo una mentira. La engañaba para ir a las fiestas que se hacían en la noche. Cada día me prometía un helado, nos sentábamos en el banco de esa plaza a ver a ese hombre con su mujer, pero nunca me tomaba mi helado. Todo era mentira.

Pasó el tiempo, yo ya había cumplido doce años y una mañana llegó Mariano más temprano que de costumbre, con una maleta, mucho maquillaje y las ropas de las mujeres que participaban de las fiestas. Mi mamá le dijo a Mariano: «Vístela y maquíllala bonita». Ella se sentó a fumar mientras me observaba con una mirada perdida. «Vamos a ir a pasear con Mariano a un lugar muy bonito», agregó. Me maquillaron y jugamos a vestirme como una muñeca, pero los ojos me ardían de tanto maquillaje. Mi madre comenzó a armar las maletas y una vez ya lista nos fuimos al terminal de terrapuerto y nos subimos arriba de un bus rumbo no sé a dónde.

Me dijeron que íbamos a pasear. Fue un viaje largo y agotador, día y noche arriba de un bus. Llegamos a un lugar donde había carabineros y personas que no eran chilenos. Hablaban cantadito, muy bonito. Nos cambiamos del bus a un tren. Mi madre me decía que me gustaría el paseo. Todos estábamos muy cansados. Dormí durante el viaje y, cuando despertaba y me quejaba, Mariano me prestaba mis muñecas y las peinaba. Cuando nos bajamos, estábamos agotados; fueron tres días de viaje. Mariano bajó mi maleta y mi madre con cara de preocupación fumaba y fumaba.

Llegamos a una habitación muy grande. Me bañaron y de nuevo jugamos a maquillarme. Me vistieron con esos trajes grandes y coloridos donde se me veían los hombros. Mi madre también se arregló, pero no como para una fiesta. Sin embargo, se maquilló muy bonita. Mariano se despidió un poco triste. Me dijo: «Que la vida te trate bien, algún día nos veremos». ¿Qué me quiso decir si yo solo iba a pasear con mi mamá y volvería? Vamos solo a una fiesta, qué exagerado era Mariano, pensé yo.

Llegamos en una carreta tirada por caballos a una casa blanca que solo había visto en los cuentos. Era muy divertido. Salieron a recibirnos varias mujeres con delantales corriendo, que le preguntaron a mi madre si la estaban esperando. Mi madre respondió que sí. Ellas nos miraban curiosas y cuchicheaban. Yo pensaba: ¿por qué me mirarán así?

Nos llevaron a un salón muy grande, donde había mucho dinero sobre un escritorio. Llegó un hombre muy alto y gordo como un abuelo. Y le dice a mi mamá:

—Llegaste, pensé que no vendrías.

Yo miraba para todos lados y no se escuchaba música de fiesta. Él le preguntó:

—¿Ella es la niña?

—Sí —le dice mi madre.

El hombre me mira de arriba abajo y me toca el pelo. Le comenta a mi madre que le muestre mis dientes y mi madre abre mi boca y le muestra mis dientes.

—Bien —le dice él y le entrega todo el dinero que había en el escritorio.

Mi madre se acerca a mí, se agacha y me dice:

—Hija, te vas a quedar aquí. Yo voy con Mariano y de ahí te volveremos a buscar.

El hombre se ríe.

—Vete pronto —le dice.

Yo presentí que había algo extraño y me aferré a mi mamá. Me puse a llorar, algo raro había en esta situación. Yo sentía que mi mamá no volvería. Ese hombre me tomó de un brazo con fuerza hacia él. Yo gritaba, pataleaba y lo mordí en un brazo. El hombre gritó:

—¡Esta es una bestia!

Y salí corriendo hacia mi madre. Ella me empujaba y me alejaba de ella.

—Mamá, no me dejes aquí, le decía. —Ella tomó rápido el dinero y lo guardó en su cartera—. Es que te tienes que quedar —me decía.

—Mamá, por favor, no me dejes.

—¡Yo no quiero este animal! —decía el hombre con mucha indignación, mientras le sangraba la mano—. Sáquenla de aquí antes de que le pegue con la fusta. ¡No las quiero volver a ver! —repetía indignado ese hombre—. ¡Deja ese dinero y vete con esa bestia, no las quiero volver a ver! —repetía cada vez más enojado.

—¡Quédate con ella, no voy a perder el dinero que invertí en el viaje! —le decía mi madre.

El hombre le quitó la cartera a mi madre y nos empujó a la calle por el pasillo, donde pude ver una habitación donde había cuatro niñas de mi misma edad que me miraban con miedo y otras se reían del espectáculo que veían. Dentro de mi desesperación por escapar sentía cómo mi madre me empujaba hacia la casa y el hombre hacia la calle, pero ganó él. Nos echaron fuera de la casa. Mi madre indignada, ya en la calle me pegó una cachetada. Sin dirigirme la palabra nos fuimos caminando a ver a Mariano.

Cuando llegamos Mariano me mira y grita:

—¡La niña! ¿Qué le pasó al maquillaje?

Mi madre no hablaba, solo fumaba. Había perdido el negocio que iba a hacer conmigo. Yo no iba a una fiesta, no iba a un paseo: me quería vender a ese hombre. Mariano también me traicionó. Me acosté y lloré. Mi madre fumó toda la noche, no habló ni una sola palabra. Tenía rabia, se la veía en sus ojos. Mariano nervioso por lo sucedido solo se dedicó a peinar las muñecas.

Al día siguiente se escucha la voz fría y enojada de mi madre:

—¡Levántense, nos volvemos a Lota! Pronto llegarán los hombres de las minas y debo estar ahí, no aquí perdiendo mi tiempo con ustedes.

De nuevo, tomamos el tren y regresamos. Pasaron muchos días hasta que mi madre me dirigió la palabra. Me empujaba hacia mi habitación, me dejaba un trozo de pan y un té y cerraba la puerta con llave. Ya ni siquiera me decía que no la abriera. Un día mi madre, que estaba borracha con una botella de licor mientras fumaba, me dijo con una sonrisa irónica:

—Me hiciste perder el negocio. Te perdiste una vida que yo nunca te podré dar. Tonta, nunca tendrás aquí la vida que podrías haber tenido allá.

Pasó el tiempo. Un día cuando yo tenía quince años recuerdo que llegó Mariano y me dijo:

—Tu madre me ordenó que te maquille, que vas a una fiesta.

Yo no le creí que íbamos a una fiesta. Ese día la puerta del dormitorio no se cerró con llave y me dejaron ir con las mujeres quienes decían: «¡Van a llegar los hombres!». Gritaban y se reían y decían que esta fiesta era mía. Y me sonreían con burla. Yo las miraba desconfiada, no les creía. Comenzaron a llegar los hombres y me dijeron que debía servirles. Yo les servía los tragos, me trataban de tocar ofreciéndome dinero y yo me alejaba, me escondía donde estaba Mariano. Él me cuidaba de que nadie me tocara.

Recuerdo que llegó el momento en que las mujeres dejaron de asistir a esas fiestas porque ya no había hombres para trabajar. Se enfermaron, cerraron las pulperías e incluso algunas murieron de pulmonía y por problemas del corazón.

A mis dieciocho años hicimos de nuevo las maletas. Me despedí de Mariano con mucha tristeza. Él ya estaba mayor. Siempre supe que era una mujer en un cuerpo de hombre; la naturaleza se había equivocado con él. Mi corazón al final lo pudo perdonar. Él solo tenía que maquillarme y jugar a las muñecas en ese tren. Con los años supe que Mariano había muerto de sida.

Nos fuimos al norte, a Santiago, y ahí empezamos nuestra nueva travesía. Buscamos dónde dormir. Llegamos a una pieza; mi madre fumaba y fumaba siempre con la misma mirada perdida. Ya instaladas en Santiago, conseguí trabajo y, en el camino, me cruzaba con un joven apuesto que caminaba hacia la universidad con sus libros. A veces me sonreía y recordaba su sonrisa todo el día. Me reía sola. Comenzó a ir al negocio donde yo trabajaba y me miraba. Yo también lo observaba mientras compraba unas galletas y se iba, hasta que un día me saludó y me invitó a salir.

Me estaba esperando afuera. Sentía algo muy extraño en mi estómago. Caminamos por toda la alameda hasta llegar a mi habitación. Mi madre estaba muy contenta, porque imaginaba que tendría una boca menos que alimentar y tendría más dinero ante la posibilidad de que yo me casara.

Nuestra amistad se convirtió en una relación muy hermosa. Él era mayor que yo. Cuando un día llegó al negocio muy contento y eufórico y me dijo que tendríamos una cena muy especial, me preparé feliz, ya que yo también tenía que decirle algo muy especial. Se hizo tarde y me pasó a buscar. Llegamos a un lugar muy elegante, había una cena preparada para nosotros. Yo estaba emocionada, hasta que él rompe el silencio y me dice:

—Amor, ahora soy un abogado.

Y yo también muy feliz, le digo:

—Te tengo un regalo: ¡Estoy embarazada!

—¡Nooo! —gritó él.

En ese momento yo lo desconocí. No entendía nada. Me gritaba una y otra vez:

—¡Estúpida! ¡¿Cómo te quedaste embarazada?! Eso no debía pasar. ¿No ves que estoy de novio y me voy a casar?

Ahí fue cuando sentí un dolor enorme en mi alma, sentí que moriría. El hombre que tanto amaba, el hombre más tierno y respetuoso me traicionaba. Estaba de novio y se casaría con otra.

Con mi bebé en el vientre, nos fuimos de ahí; me sentía perdida. Pensé que la vida se me acababa.

Mi hijo sintió la traición desde el embarazo, porque me escuchó llorar día y noche desconsolada y también oyó los gritos de mi madre cuando se enteró. Me dijo que cuando naciera el bebé había que ir a dejarlo al convento de las monjas en Rancagua, pero yo no quería traicionarte de esa forma. Te amaba desde el momento en que me enteré de tu existencia.

Un día me fui sola lejos con mi bebé en mi vientre. Caminé y caminé; estaba muy cansada. Había ahorrado dinero con el que había comprado un chal. Llegamos a una casa donde arrendaban una habitación. La dueña me miró y vio mi vientre. Se compadeció de mí, lo pude ver en sus ojos, aunque ella me hablara de una forma dura y despectiva. Me dijo:

—Pasa... Ahí hay una cama y me pagas adelantado. Te dejaron preñada y se fue con otra y la tonta le creyó. Cuando nazca la guagua no puede llorar porque aquí vive más gente.

—Sí —le respondí.

Te convertiste en mi compañera. Te hablaba siempre, te pedía que estuvieras siempre en silencio para que no nos echaran. Y así estuviste en silencio por mucho tiempo. Hasta que un día rompí aguas y ella, a pesar de que era una mujer muy fría y distante, corrió por unos trapos limpios y se lavó las manos. Ella trajo al mundo a mi hija. Le cortó el cordón umbilical y la puso a mi lado. Te amamanté y cuidé como quien protege un tesoro. Después de un tiempo juntas fuimos a trabajar. La sujetaba bien y la llevaba como una mochila que cargaba en mis espaldas.

Siempre me acompañó a todos lados. No la dejaba sola nunca. Era muy desconfiada de todos y la cuidaba con mi vida. Siempre hablábamos y nos reíamos juntas. Un día, le prometí una cama para ella sola, algo que tanto quería. Pasaron las semanas, los meses, un par de años. Pero no podía, no me alcanzaba. Siempre le prometía cosas, eran mis sueños, pero no se los podía cumplir. En mi corazón quería regalarle y cumplir todo lo que prometía. Llegaba muy cansada. Me pedía ir a jugar a la plaza de la esquina y siempre le respondía lo mismo: «Mañana sí que vamos y te prometo comprarte un helado». Otro helado que nunca llegaría.

Cuando comenzó a crecer y ya no me creía las promesas que le hacía, comenzó a dudar de todo lo que le decía. Le ofrecí tantas cosas que, desde mi corazón, se las quería dar, pero no pude. La señora de la casa estaba cada vez más anciana. Tenía dos hijos que nunca la visitaban. Un día me dijo:

—Ven. Cuando yo muera esta casa va a ser tuya por acompañarme y cuidarme —siempre me decía—: Tú eres como mi hija. Esta casa es tuya y de tu hija, no como esos malagradecidos de hijos que algún día tuve y que me olvidaron.

Cuando ella enfermó, ya no se levantaba. Y como toda mala noticia, estas vuelan rápido. No sé cómo supieron sus hijos que la madre estaba a punto de morir. Cuando llegaron a verla lloraban y lloraban y se arrodillaban pidiéndole perdón por no haberla visitado nunca. Eran dos hombres adultos. Me miraban de lejos pensando que yo era la sirvienta. Ella me mira y les explica que yo solo arriendo una pieza junto a mi hija.

Me pide un vaso con agua. Voy a la cocina y, cuando vuelvo, escucho cuando les dice:

—Hijos, esta casa la tendrán que dividir entre ustedes dos cuando yo muera, porque les pertenece.

Cuando ella falleció, sus hijos me desalojaron muy rápido porque venderían la casa. Juntas hicimos nuestras maletas y nos fuimos. Mi hija ya estaba grande y le dije:

—Nos vamos a ir a una casa hermosa para nosotras dos —vi en sus ojos la desconfianza. Dentro de mí sabía que sería difícil cumplir mi palabra.

Y así creció, esperando promesas de su madre que desde lo profundo de mi corazón deseaba dárselas. Pero había algo más fuerte que me impedía cumplir mis promesas. Así, de esta forma controlaba todo; hacía promesas falsas, que enmascaraban ilusiones. Con los años mi hija se transformó en una persona muy desconfiada de la vida. Creo que yo tuve mucho que ver con su forma de ser. No fue fácil llevar esta vida de tanta desconfianza, mentiras y traiciones.

La herida de la traición se activa cada vez que se ha decepcionado, perdido la confianza o cuando se hacen promesas que no se cumplen ni a sí mismo ni a otros. El gran miedo de la persona que vive la herida de la traición es que la engañen y le mientan. Sin embargo, la persona se miente con frecuencia, aunque para ella lo que dice no son mentiras. Siempre encuentra formas de justificar sus farsas. Cuando la persona comienza a controlar todas las situaciones, se abre la herida de la traición y eso no hará que los otros no la traicionen. Ahí es cuando se activa la máscara de la herida de traición: la máscara del controlador.

Nuestro personaje de la historia nos muestra que es consciente de que promete y traiciona al no cumplir las promesas y se justifica con excusas de que hizo todo lo posible por cumplirlas, pero que no pudo. La máscara del controlador en la madre en esta historia hace de ella una progenitora que decide por su hija sin pensar en el beneficio para ella.

La persona que tiene la herida de la traición busca parejas no disponibles, donde el otro no tiene intención de comprometerse, ya que ellos son los que temen comprometerse y eso es porque le tienen miedo a la separación y a mostrar su vulnerabilidad por temor a que alguien de nuevo los traicione. Ante esta situación, prefieren mostrarse valientes, hábiles y fuertes en la mayoría de las ocasiones.

De las cinco heridas, la traición es la que crea mayores expectativas en quienes lo rodean. Tiene la finalidad de comprobar si hace bien o qué se debe hacer, ya que con eso le da confianza. Sin embargo, no es consciente de la máscara del controlador. La persona que sufre la herida de la traición también sufre la del abandono. Como no somos conscientes de que hacemos a los demás lo que reprochamos en ellos, en este caso se traiciona a los demás o te traicionas a ti misma al no confiar o no cumplir contigo tus propias promesas.

La primera parte para comenzar a sanar es reconocer en nosotros las máscaras del controlador y sus aspectos aquí descritos. No es fácil reconocerlos en uno mismo, porque la mayoría de las veces son actitudes inconscientes. Cuando puedas tomar consciencia de esta herida y de su máscara, comenzarás a sanar y la vida te espera para ser libre y feliz.

Capítulo V

La injusticia

La obra maestra de la injusticia es parecer justo sin serlo.

Platón

De nuevo estoy llenando la carreta junto a mi padre de miel, frutillas y las famosas manzanas cabeza de niño. Recuerdo haber sido un niño muy feliz, mientras mi madre preparaba la leche con harina tostada y unas tortillas para el viaje. Mi hermano mayor se quedaba cortando leña y cuidando la casa. Siempre nos gritaba desde la puerta:

—¡Yo voy a cuidar a mi mamá, vayan tranquilos!

Nos demorábamos muchas horas en llegar al pueblo para vender los productos. Me gustaba estar al lado de mi padre. Atravesábamos los bosques de gigantes árboles milenarios. Mi padre, en algunos momentos del camino, me decía:

—¿Sientes ese olor? Quiere decir que anda un puma —y aceleraba más la carreta tirada por nuestro caballo.

Recuerdo que a veces hacía frío. Llegábamos al pueblo, no nos habíamos bajado y ya había gente a nuestro alrededor. Escuchaba que decían: «Llegó el hombre de los ojos azules que trae la miel y las manzanas cabeza de niño». Yo, al lado de él, muy orgulloso y feliz, observaba que cada vez le brillaban más sus ojos cuando vendía sus productos. Regresábamos a la casa tarde en la noche y muy cansados. Yo dormía atrás en la carreta.

Pasaron los años y mi hermano, que era un joven muy valiente, se había enlistado para ir a la armada. Todos se despedían de él, pero él se volvió hacia mí y me dijo:

—Hermano, yo me voy a la armada y voy a viajar en buques gigantes por el mar y pelearé en la guerra. Ahora te toca a ti cuidar a nuestra mamá y papá —me dio un gran abrazo y se fue.

Al día siguiente mi padre me llamó y me dijo que viajaríamos. No me dijo adónde. Cuando llegó el momento de partir, mi madre se acercó y me dio un beso como nunca lo había hecho y me advirtió:

—Pórtate bien.

Después supe que iríamos a visitar a la abuela que vivía en Chol Chol. Mi mamá había hecho algunas tortillas de rescoldo. La carreta esta vez no llevaba nada, solo las tortillas. Me extrañaba que mi padre no hablara mucho en el viaje y tampoco cantara ni me hablara del puma y eso que yo había sentido el olor. A mi padre parecía no interesarle, porque no chicoteaba al caballo para acelerar el paso. Estaba pensativo y triste.

Cuando llegamos a la casa de mi abuela salieron todos a recibirnos: mi abuela y varios niños, todos contentos al vernos. También había tres perros: el Chicho, la Chicha y el Chichito chico. Parecían que estaban todos felices con nuestra llegada. Mi abuela me saludó y abrazó a mi papá muy fuerte. Mi padre le dio la tortilla de rescoldo, se sentó con mi abuela cerca del brasero y un mate. Él me miraba pensativo y con su cara triste, mientras yo jugaba con los niños que después supe que eran mis primos. Mi abuela le hablaba y hablaba, pero él parecía no escucharla. Estaba silencioso.

Solo escuché que cuando hablaban mi abuela le decía que la escuela estaba muy cerca de la casa, que no se preocupara, que ahí estudiaban todos y que me acostumbraría. Estaba oscureciendo y mi abuela le dice a mi padre:

—Ya es hora de que te vayas —él no se movía, hasta que dejó el mate de lado, le dio un abrazo a mi abuela, le dijo unas palabras y me miró. Se acercó a mí y me dijo:

—Cuídate y pórtate bien —fue lo último que me dijo y se fue.

No entendía nada. Mi padre se fue muy triste. Yo pensaba que me vendrían a buscar pronto, pero no los vi en mucho tiempo, ni a él ni a mi mamá. Varias noches las pasaba en vela llorando calladito y pensando que llegaría mi papá en la carreta a buscarme para ir al pueblo a vender, pero eso no sucedió.

El año fue muy difícil. Fue un invierno muy crudo que trajo consigo una pandemia, una enfermedad donde todos fuimos a parar a la cama, grandes y chicos. Éramos cuatro los niños enfermos. Nos dolían las piernas, no podíamos caminar, no podíamos ir al baño. Uno de mis primos falleció, el mayor. Dicen que falleció de la fiebre; estábamos con temperaturas muy altas y hablábamos cosas extrañas y a cada rato nos ponían paños helados en la frente. Recuerdo que un día nos sacaron al patio y nos pusieron al sol. No podíamos caminar. Yo ya tenía nueve años y esa enfermedad nos había dejado sin caminar.

Un día estaban todos en la mesa comiendo tortillas y tomando agua con harina tostada y yo no había podido sentarme en la silla. Cansado de intentarlo, me quedé en el piso con mucha hambre y le pedí un trozo de tortilla a mi abuela. Ella me miró con una cara muy fría y me dice:

—Come de ese plato que está en el suelo, los perros no se lo quisieron comer.

Todos se rieron. Sentí una sensación extraña en mi cuerpo, entre vergüenza y rabia. Era injusto, ¿cómo iba a comer del plato de los perros si mis primos comían en la mesa? Y yo, por no poder sentarme en la silla como todos, no era digno de comer. Ese día me arrastré hasta la cama y dormí con mi estómago vacío. Aprendimos a caminar de nuevo. Nos arrastrábamos, nos afirmábamos, competíamos por quién llegaría primero al río en verano para bañarse, hasta que de pronto ya estábamos todos corriendo por los trigales.

Pasó el tiempo y yo ya tenía trece años. Jugábamos con mis primos, íbamos a la escuela a estudiar; aprendí a leer y a escribir. A veces, con tristeza, recordaba a mis padres y me sentaba bajo un árbol que, según mi imaginación, me escuchaba con atención y me abrazaba hasta quedarme dormido entre sus raíces grandes que sobresalían.

Mi abuela cada vez más anciana tenía dolor, frustración y amargura en su mirada. Nunca le pregunté qué había vivido para ser tan dura al hablar. Sin embargo, crio a todos sus nietos. Un día, a lo lejos escuché una carreta y desde el fondo de mi corazón deseé que fuera mi padre que me venía a buscar. Mi corazón oprimido entre la angustia y la alegría era una sensación que siempre sentía cuando escuchaba venir una carreta.

¡Sí! Eran ellos: mi padre y mi madre. Junto a ellos venían dos niños pequeños entre cinco y seis años. Recuerdo que mi madre se bajó de la carreta y tomó a uno de ellos en brazos y mi padre tomó al otro. Se acerca mi madre y me pregunta cómo he estado.

—Bien —le respondo.

—¿Me vienes a buscar?

—No —me dice—, solo venimos de visita.

Mi padre me da un abrazo muy apretado y yo me pregunto quiénes eran esos niños. Pero mi abuela se adelantó y les preguntó:

—¿Quiénes son estos niños?

Mi padre les dice:

—Son los hijos de unos vecinos que no los pudieron criar y los estamos criando nosotros. Les estoy enseñando a recolectar frutillas y a sacar las manzanas. Las vamos a vender al pueblo todos los sábados.

Esos niños traían zapatos. Yo no tenía. Esos niños tenían el amor de mis padres. Yo no lo tenía. Era injusto: habían tomado mi lugar dónde yo había sido tan feliz. Mis padres pudieron criar a otros niños que ni siquiera eran de ellos, les dieron su atención y preocupación; en cambio, a mí me exigieron estudiar aquí en el pueblo.

Al escuchar todo eso, mi corazón se quebró. Sentí la injusticia; era tan doloroso que parecía que mi alma se partía en dos. Me fui corriendo de ahí con un dolor en el pecho. Me fui al gran árbol que siempre escuchaba mis penas. Ese día no pude hablar, solo lloré. No entendía por qué era más importante que yo estudiara que el amor que sentía por ellos. Cuando se fueron, yo no sentía pena; sentía amargura.

Siempre me exigía más que mis primos. Quería ser el mejor, siempre estaba compitiendo. Un día llegó de sorpresa mi hermano, vestido con un uniforme impecable, limpio. Brillaba ante mis ojos. Se me acerca y me dice:

—Hermano, te vengo a contar que van a necesitar jóvenes para que ingresen a la armada. ¿Te gustaría ir conmigo?

—Sí —le respondí—. ¿Y mi primo puede ir?

—Sí —me dijo—, eso sí. Son muchos los que participan en la selección. No te preocupes, estudiaremos más que nunca.

Tomó un poco de agua con harina tostada, conversó de sus hazañas con mi abuela y continuó su viaje al campo para ver a nuestros padres. Estudiamos día y noche con mi primo. Entrenamos haciendo competencias, día tras día, hasta que llegó el momento de la selección. Eran muchos los jóvenes acompañados por sus padres. Nosotros estábamos solos los dos. Mis padres estarían orgullosos de mí. Había quedado seleccionado igual que mi hermano; ahora sería un hombre importante.

Comenzamos un nuevo desafío. La vida era dura ahí. Nos levantaban temprano para bañarnos en el mar. El agua era muy fría. Nos decían de apodo los indios. Un día, a uno de los personajes de la armada de alto mando se le perdió un reloj. Lo buscaron por todos lados. Uno gritó:

—¡El indio se lo robó!

No me dejaron ni siquiera defenderme. Nunca le había robado nada a nadie. Me llevaron a una celda por muchos días y muchas noches. Pasé mucho frío. Un día, uno de ellos tuvo piedad de mí. Yo creo que su conciencia no lo dejaba dormir, porque fue a hablar con los superiores y confesó que el dueño del reloj quería inculparme con argumentos falsos y que el reloj lo tenía guardado en su cajón del dormitorio. Estuve encarcelado, de una manera injusta, cinco días y cinco noches, pasando frío y hambre.

Salí con mi frente en alto. Seguí mi camino en la armada, lugar al que me había aferrado por completo. Era mi casa, donde yo estaba forjando mi camino. Viví muchas aventuras junto a mi primo. Hicimos muchas cosas como muchos jóvenes que descubrían este mundo nuevo.

Un día, con mi primo tuvimos que ir a las prácticas de guerra y el destino, de nuevo, nos puso a prueba. Una bala cruzaría el pecho de mi primo, quien cayó sin percibir nada de lo que sucedía, ni siquiera tuvo su último suspiro. Me acerqué a él muy rápido, pero ya estaba muerto. Él era mi hermano, mi amigo, mi confidente. Dios, esto fue injusto; él era un buen hombre. No entendía por qué le había pasado esto a él. Me sumergí en un dolor muy grande por mucho tiempo; divagaba por los pasillos como un alma en pena. En ese momento se me cayeron todos los dientes y cuando consultaba con los doctores, estos me decían que me había enfermado de los nervios por haber llorado a escondidas por mucho tiempo.

Mi vida continuó, se tornó difícil. Seguí mi camino exigiéndome, me di fuerzas mientras competía conmigo cada día. Me prometí ser el mejor y así fue. Pero también me transformé en alguien muy exigente con todos los que me rodeaban. Ahora arrepentido recuerdo que fui muy injusto, incluso con quienes me entregaban su respeto y cariño. Muchos me pusieron como sobrenombre el lobo solitario. ¿Quién iba a pensar que ese niño que creció sus primeros años de vida con tanto amor y cariño se transformaría en alguien hostil, solitario y ajeno al mundo que lo rodeaba? Mi cuerpo también hablaba por mí. Mi espalda se puso rígida y a mis piernas les costaba caminar. Mi compañero al final fue un bastón tan rígido como mi mente, que olvidó todo con el tiempo.

La herida de la injusticia trae consigo el enojo interno del niño por la desprotección y las desventajas que ha sufrido en su vida. Son aspectos que han marcado y están presentes en niños que han tenido que defenderse y pelear por justicia. Esta herida nace en la infancia en un estado de vulneración e indefensión ante una autoridad abusiva o una realidad injusta. Aparece frente a la autoridad y a la subordinación, donde la vivencia es abusiva, autoritaria y violenta, donde se vivencias situaciones donde se vislumbra poco aprecio, falta de reconocimiento, exigencia, dureza y falta de respeto. Al otro lado de la moneda también puede aparecer esta herida, pero en lo opuesto: cuando se tiene mucho sin mérito.

Muchas veces esta herida viene acompañada con la herida del rechazo. A menudo, el ambiente que rodea a las personas que cargan esta herida es rígido, severo y autoritario. Esta experiencia puede ser grabada por el padre, la madre o los tutores, como en el caso de nuestro personaje, que tuvo una abuela autoritaria e injusta. Esta experiencia lo persigue hasta en su vida laboral.

Las personas con la máscara del rígido son muy exigentes con ellos: son críticos, les gustan los retos y las competencias, tienen un alto sentido del deber y del bien, pero les cuesta disfrutar la vida. A lo largo del tiempo se convierten en personas muy frías y rígidas, que les cuesta dar afecto y viven a la defensiva.

A nuestro personaje, con la historia dura en el trabajo y las circunstancias que vivió, lo situaron ante situaciones que lo pusieron a la defensiva y lo llenaron de frustración. Para mejorar tiene que reconciliarse con la vida, sanar con sus padres y con el niño que fue. Sus padres no le permitieron ejercer el derecho de seguir disfrutando junto a su padre como el niño que era, sino que le exigieron estudiar en el pueblo.

Para sanar, la persona que tiene la herida de la injusticia, debe desaprender, dejarse de exigir todo el tiempo y dejar de estar a la defensiva. Es un proceso complejo, pero crecer se disfruta día a día sintiendo esa libertad en el alma. Al abrir los ojos y darnos a nosotros mismos lo que nos fue negado es un proceso de amor. No se resuelve de la noche a la mañana, pero es necesario entender que la vida nos da derecho a equivocarnos, a disfrutarla, a ser espontáneos y a permitirnos exponer nuestras emociones sin juzgarlas.

La máscara de la rigidez se caracteriza por un cuerpo erecto y rígido y un cuello tieso y erguido. Es por eso que su cuerpo, sobre todo sus piernas y brazos se encuentran tensos. No fue hasta después de muchos años que el personaje de la historia se dio cuenta de lo rígido que estaban sus piernas tanto como el tieso bastón que lo acompañaba.

La finalidad es que puedas tomar consciencia de esta herida y su máscara para comenzar a sanar. La vida te espera para ser libre y feliz.

Capítulo VI

La humillación

La verdadera grandeza, no necesita la humillación del resto.

Amado Nervo

Tengo un año de edad, estoy en un lugar lleno de rejas que se llama corral, y veo que llega mi padre del trabajo. Mi madre, feliz, le sirve un plato de comida y comienzan a hablar muy contentos. Ella le habla y le cuenta historias de mis hermanas, y de repente comienza a hablar de mí, porque me miran. Yo los miro con mucho amor, quisiera estar en sus brazos. Mi madre le dice a mi padre que yo como igual que una cerdita, que me ensucio como ninguno de mis hermanos, que soy sucia y que tengo todo el día sucio ese corral donde estoy aprendiendo a dar mis primeros pasos. Papá me mira y mueve la cabeza, me observa viendo si estoy tan sucia como dice mi madre. Ella le dice que no sabe a quién salí. Los miro sonriendo, pero ellos no me sonríen. Parece que estoy haciendo mal las cosas. ¿Estaré maloliente, sucia?

Por fin aprendí a caminar y salí de ese corral maloliente y sucio como decía mi madre. Cuando nos sentábamos en la mesa disfrutaba mucho la comida de mi madre, sus aromas y sabores, más que cualquiera de mis hermanos. Me fascinaba la comida de mi madre, pero ella se molestaba y me decía siempre:

—Tan hambrienta, aprende de tus hermanas que son delicadas y medidas para comer. Si sigues así vas a engordar como una vaca.

Siempre llegaba a la mesa muy limpia, pero me iba con un nudo amargo en el estómago. Cuando nos tocaba hacer las tareas del colegio, nos reuníamos en la mesa. Recuerdo que mi madre pasaba por cada uno de nosotros, a cada uno les dedicaba su tiempo. A mis hermanas y hermano los felicitaba por sus letras hermosas, pero cuando le tocaba mi turno siempre hacía enojar a mamá porque encontraba que mis manos estaban sucias.

—Ya tienes tus manos sucias, mira cómo manchas las hojas de tus cuadernos. Anda a lavarte bien las manos, aprende de tus hermanos.

Me levantaba al baño y me lavaba muy bien las manos con mucha espuma para que mi mamá me mirara como a mis hermanos. Llegaba feliz a sentarme de nuevo. Mi madre decía entre dientes: «No sé cuándo vas a aprender a hacer bien las cosas». Ahí continuaba haciendo mis tareas en silencio con un nudo en el estómago. Algo malo había en mí que no podía hacer bien lo que me pedía.

Ya con dieciséis años tengo recuerdos de estar en el baño del colegio lavándome las manos con mucha espuma antes de entrar a una clase. Entro a la sala y comienzo a sentirme incómoda pensando si estoy sucia. Creo que está manchado mi delantal. Miro los delantales de los demás y se los veo limpios y blancos. Pienso

¿estaré expeliendo algún olor? Estoy transpirando y mis manos están rojas de tanto lavarlas. Sigo transpirando y pienso que estoy maloliente. Algo tienen mis ojos que siempre veo manchas en mi delantal, siempre veo la mugre en mí. La ansiedad me mata, mi estómago suena y suena, está abultado y me duele. Viene la prueba de historia, están todos en silencio y yo aquí transpirando, viendo si, en realidad, me lavé bien las manos para no ensuciar la hoja. Mi estómago gruñe. ¿Qué pensarán todos?, seguro que soy un desastre.

Llego a mi casa directo a limpiar mi dormitorio como todos los días. Mi madre me dice:

—Eres tan desordenada que te lleva todo el día limpiar tu habitación.

Recuerdo que un día estaba ordenando mi ropero y se acerca mi madre. Ve mi ropa y me dice:

—Qué gorda estás. A tu edad yo tenía vestidos muy bonitos. Y qué decirte de mi cintura: era muy pequeña. Tú nunca tuviste cintura.

Mientras la escucho pienso: ¿estaré muy gorda? No me había dado cuenta. Ahora no solo estaba pendiente de limpiarme, sino también debía ocuparme de mi cuerpo que estaba mal. Comencé a sentirme mal, a comprarme ropa grande, a esconderme y a ser más servicial para que los demás no notaran lo gorda que estaba.

Seguí creciendo y era la primera en llegar a mi trabajo. Lo primero que hacía era limpiar el piso de todos y preparar el café tal como le gustaba a cada uno en la oficina. Ellos ya sabían que los esperaba un rico café y a veces, cuando alcanzaba, con alguna galleta que había horneado el día anterior. Ellos estaban cada vez más felices y yo cada vez más cansada.

Después nos tocaba ir a las salas a ver a los enfermos, para ver si necesitaban algo. Limpiaba todas las piezas; todos querían mi turno:

era el más eficiente. Desinfectaba todo y ordenaba todo. Recuerdo que estaba cansada todo el tiempo, esto no me estaba haciendo feliz. Me comencé a cansar de agradar a todo el mundo, me costaba mirar a los ojos a las personas y mi cabeza siempre observaba el piso. Me pasaba mucho tiempo en el baño limpiando mis manos y mis dientes para no tener olores que molestaran a los demás.

Siempre quise estudiar medicina, pero sentí que no era capaz y preferí ser una ayudante de enfermera, para así tener siempre todo muy limpio y darles dignidad a los enfermos por sobre todas las cosas, antes que a mí misma. Me sentía muy cansada, pero no podía preocuparme ahora por mí; eso era una pérdida de tiempo. Me debo dar ánimo para que todos se sientan muy bien conmigo. Creía que en la calle me tenía que ocultar de todos. Mi cuerpo necesitaba adelgazar; me castigaba cada día que comía de más y estaba segura de que tenía un cuerpo sin forma, maloliente y sucio.

Con el tiempo, me enamoré de un compañero de trabajo. Era tan limpio, tenía las manos blancas y olía muy bien, pero pensaba que él jamás se fijaría en mí. Un día me acerqué a él para entregarle su café. Me dio las gracias de una forma muy amable y de inmediato comencé a transpirar. Me escondí deprisa en el baño; me lavé las manos muchas veces, no me sentía bien.

Llego como cada tarde a mi departamento, lo limpio muy bien y abro de par en par las ventanas con frío o sin frío para que huela bien. Me gustaría tanto una compañía, una mascota, pero descarto la idea de inmediato al pensar en los pelos, las heces y los malos olores. Mejor no, las miro en fotos.

Recordé que cuando era pequeña y fui de vacaciones a la casa de mis abuelos, para hacerlos reír, me puse el sombrero de mi tata, la corbata y tomé su pipa. Mi abuela, cuando me vio, me dijo retándome:

—¿Te crees niñito? Te voy a parar al frente de todos los que pasen para que vean que te crees un hombrecito y ahí vas a ver cómo se van a reír de ti.

Yo me saqué todo la vestimenta muy rápido; no podría sentir tanta humillación. Me quedé dormida con ese recuerdo. Al día siguiente no sabía si había sido un sueño o realmente había sido real.

Mi colon irritable me molestaba de manera constante; lo sentía abultado, a pesar de que ya no comía casi nada, mi vientre no adelgazaba, siempre estaba hinchada y cada vez tenía menos cintura, como decía mi madre. Un día después de estar mucho tiempo con dolores, mi mejor amiga me pidió un turno con un doctor, quién me dijo que me realizaría un examen médico. A mis cuarenta años nunca me había hecho uno, nunca había tenido pareja y nunca había tenido hijos ni siquiera mascotas.

Llegó el día de ver los resultados y el doctor evitaba mi mirada. En ese momento comencé a transpirar y mi estómago comenzó a gruñir. Fueron unos minutos eternos.

—Tienes cáncer de colon con metástasis. Está muy avanzado... ¿Por qué no viniste antes? —me decía mientras se tomaba la cabeza el doctor—. Vamos a hacer todo lo posible para que salgas de esta situación.

A la semana me internaron y me operaron. El cáncer había avanzado demasiado. Mis intestinos habían absorbido todo el dolor, toda la frustración y toda la porquería que llevaba dentro. Toda la basura de persona que creía era, el olor fuerte que expelía y la suciedad que yo sentía se fue acumulando en cuerpo y nunca salió. Ahora me pasó la factura.

Me han hecho muchos exámenes, llevo diez sesiones de quimioterapia y ya no tengo pelo. Si antes mi cuerpo era feo, ahora soy como una masa sin forma. Tengo que estar más limpia que nunca, no me puedo infectar con nada. Me quedo encerrada en mi casa y no tengo fuerzas para salir. Mi madre, cada vez que viene a visitarme, me dice:

—Tienes que tener cuidado. Eres muy descuidada —ella entra y limpia todo.

Estoy cansada, mi cuerpo está cansado, ya no puedo seguir cargando tanto pesar y dolor. Hoy he decidido, por primera vez, que cerraré mis ojos para despertar en un sueño donde merezca ser libre. Decido decirle adiós a la vida.

Nuestros padres, tutores y familia son el primer grupo donde socializamos y para muchas personas este círculo vital es muy importante. Y muchas veces, para ser aceptados y por el miedo al rechazo, como hemos visto en nuestra historia al principio, uno se puede humillar o sentirse humillado. Aquellos adultos que deberían amar a este niño de forma incondicional lo degradan y desaprueban, por lo que el niño se castigará por sentirse culpable por su propia conducta indigna de ese amor. El niño percibe que la humillación hiere el amor propio, su dignidad y se siente rebajado como persona en relación a los otros por dentro.

Esta herida, según la teoría de Lise Bourbeau, aparece cuando se desarrollan las funciones del cuerpo físico, entre el primer y el tercer año de vida, cuando el niño aprende a comer solo, a caminar solo y a comportarse con propiedad. Esta herida de humillación ocurre cuando el niño interpreta y siente que sus padres se avergüenzan, degradan o realizan comparaciones a nivel físico, expresándolo con palabras o gestos. La herida de la humillación tiene la creencia, a nivel inconsciente de que «yo no valgo la pena», «no valgo lo suficiente» y se manifiesta cuando nos sentimos ridiculizados, cuando nos desaprueban o critican ante otras personas.

La persona que carga con esta herida olvida sus propias necesidades y se dedica en cuerpo y alma a complacer a otras personas. Así se gana el cariño y se siente valorada y reconocida. Solo tiene ojos para los demás dejándose de lado hasta llegar a extremos donde no es capaz de hacerse cargo de sí misma. Al no ser digna, siente que no vale nada. Estos pensamientos la limitan a la hora de afrontar circunstancias en beneficio de ella misma y tomar acción. Las emociones como la vergüenza, la culpa y el miedo las remueven y desgarran por dentro. Y al no reaccionar, se quedan como están, conformándose con la vida que tienen.

La máscara de la herida de la humillación es la del masoquista que tiene la necesidad de cuidar a los demás y de crear situaciones donde se olvidan de ellos mismos. De forma inconsciente buscan el dolor y la humillación. Tienden a negar todo lo que desean. En el caso del personaje de la historia se negaba a tener una mascota (que representaba la entrega de amor hacia ella) y lo justificaba.

Estas personas no se cuidan, mientras que los demás siempre son más importantes que ellos. No les gusta su cuerpo físico, sienten una gran culpa interior y por esta razón se castigan haciendo sacrificios y esforzándose por todo. Al ser inconscientes estas actitudes no se percatan de que se rebajan y se humillan. Sienten que los demás no pueden hacer nada sin ellos.

La persona que carga con la herida de humillación considera a su madre como un enorme peso que cargar. Se siente impotente cuando la culpabiliza y la critica. Le es difícil expresar sus emociones y sus verdaderas necesidades desde pequeña, ya que no se atreve a hablar por temor a experimentar vergüenza o ridiculizar a su madre.

Para nuestro personaje principal, la libertad era fundamental después de haber estado toda su vida atrapada en ese mundo interior de vergüenza, culpa, humillación y degradación. Su cuerpo somatizó. Ya no quería cargar más tanto pesar y no fue consciente de ver que su herida de la infancia era la humillación.

La finalidad es que puedas tomar consciencia de esta herida y su máscara para comenzar a sanar. La vida te espera para ser libre y feliz.

Capítulo VII

El rechazo

El sufrimiento es el rechazo del dolor.

Alejandro Jodorowsky

Comenzaba la fiesta. Era el matrimonio entre las familias adineradas de Miraflores, en Perú. Todos con sus sirvientes, descendientes de los incas, hacían notar la diferencia entre los acomodados, todos altos, rubios y de ojos claros, y los sirvientes, bajos y morenos. Eran familias adineradas, dueñas de las navieras más importantes del mundo.

Fue una fiesta de matrimonio hermosa. La luna de miel en Europa, regalo de los padres del novio y todo hacía presagiar un destino maravilloso para esta pareja. Cuando regresaron a Miraflores, la familia esperaba con ansias a la feliz pareja. Al regresar, anunciaron la buena nueva con una gran celebración. Abrieron la champaña que había guardado el abuelo para la ocasión, ya que la nueva noticia lo meritaba, veía el primer nieto, el primer hijo.

El embarazo fue perfecto. Él se preocupaba de ella como una verdadera reina. No dejaba que se acercara ningún sirviente. Era mal visto, porque ellos no eran dignos de entrar al cuarto de la señora. Llegó el gran momento de llamar a las parteras para que atendieran la venida del futuro heredero. En ese momento, ella era una joven llena de miedos, que lo único que deseaba era que su bebé fuera un niño sano. Llegó su madre junto a su suegra. Los hombres, en el gran despacho, brindaban con *whisky*. Los abuelos fanfarroneaban que el niño se haría cargo de la mejor naviera. Así se disputaban al niño; antes de nacer el bebé, ya era dueño de una de las fortunas más grandes del país.

Cuando se escucha que alguien dice: «Nació... nació», sale del dormitorio la abuela paterna y abraza a su esposo con tristeza. Le preguntan qué pasa, nadie entendía nada. Entra al dormitorio el padre, orgulloso y feliz, a ver a su bebé. Entre las sábanas blancas unos ojos negros brillantes lo miran con gracia; era una niña morena como el ébano y con un pelo ondulado. Él al ser un hombre rubio de ojos azules, se quedó atónito sin palabras. Miró con desprecio al bebé, a la madre y antes de retirarse le dijo con un grito:

—¡Me engañaste! ¡Esta hija no es mía! —y se fue furioso.

Al llegar al despacho, los hombres no sabían qué decir ni qué hacer. Se fueron retirando uno a uno de manera discreta. Era una desgracia lo que estaba sucediendo en ese hogar. Los días transcurrían silenciosos, él solo bebía día y noche en su despacho y ella lloraba y lloraba mientras abrazaba a su bebé con su amor incondicional. Con sus pechos llenos de leche que se confundían entre las lágrimas, esa niña se amamantó de lágrimas y leche. La madre se preguntaba día tras día qué es lo que había sucedido. ¿Sería el color de piel? ¿Por qué dijo que yo lo había traicionado? Ella no entendía nada. Entre sollozos le dice a su madre, quien siempre la acompañó: «Yo no traicioné a mi marido». Ella le respondió: «Sí hija, yo te creo, no te preocupes».

Una mañana entró el marido a la habitación y le informó que vendría el doctor para hacer una prueba de ADN y así comprobar que él no era el padre de esa niña. El amor había desaparecido en horas, ya no era él, ese hombre cariñoso y atento. Ahora era un desconocido desalmado que desde ese día la miraba con odio y desprecio y que rechazaba a su bebé desde lo más profundo de su alma.

A la semana llegaron los resultados. Una semana de rechazo y desprecio. El marido entró a su despacho, abrió el sobre y leyó los resultados que indicaba que en un 99,9 % era su hija. Tiró el papel y lloró, no entendía nada. Cuando entró su padre, cerró la puerta y le dijo:

—Yo te contaré, hijo, qué sucedió.

Se sentó con un *whisky* en la mano y le contó que, muchos años atrás, tuvo un hijo con una sirvienta mulata y ese hijo era él. Que su verdadera madre había muerto y como su esposa no podía tener hijos y él era igual a su padre, lo criaron como a un hijo legítimo. Como no había nacido con ningún rasgo parecido a su verdadera madre, nadie supo de la existencia de ella. Pero la sangre que corría por las venas era mulata y su hija ponía al descubierto ese secreto a viva voz. Había sido el secreto mejor guardado.

—No lo aceptaré nunca. Seré la burla y el rechazo de las familias adineradas de Miraflores —respondió.

Fue al dormitorio y le dijo a la niñera que sacara a ese bebé de los brazos de su madre y se la llevara a los dormitorios que estaban en el ala oeste de la casa, lejos, y que ahí se debería quedar porque de ahí provenía. A su mujer, mirándola con rabia y desprecio, ya que era culpable de hacer visible la herencia y el secreto mejor guardado de su árbol familiar, la trató como a una desconocida desde ese día.

Los pechos llenos de leche se confundían en su camisón con las lágrimas derramadas, esperando amamantar a su bebé. El ambiente de esa casa era el de un duelo. La casa se sentía fría y se veía oscura. La niña creció jugando con las sirvientas y con los hijos de las sirvientas. La educaron con profesores que la visitaban a la casa, mientras su madre se desvivía por tomarla en sus brazos y besarla.

La niña no entendía por qué no podía ingresar a los comedores donde estaba su padre y se acostumbró a que este no la mirara. Cada vez que se trató de acercar, él tenía algo que hacer y se iba de inmediato. El rechazo era evidente; nunca la aceptó. La niña creció y la enviaron a estudiar lejos, a Inglaterra. Fue la mejor de su promoción. Su madre siempre estuvo presente en todos sus logros y entrega de premios deportivos, académicos y científicos.

Muchas veces era motivo de burlas por su apariencia y cuando llegaban los padres a buscar a sus hijos, ella solo era acompañada por su madre. Muchas veces escuchó comentarios malintencionados de envidiosos, que decían que era hija de madre y padre sirviente, que su madre había engañado a su padre con un sirviente, a lo que ella no hacía caso, porque ella conocía a su padre. Lo justificaba diciendo que él tenía mucho trabajo y no tenía tiempo para ellas, pero nunca supo de la tragedia que había ocurrido cuando ella nació.

Siempre intentaba ser la mejor, pero se alejaba de las personas. No se atrevía a hablar en público; hacía todo bien, pero de manera solitaria. Su mejor compañía era su computadora, a la cual se encontraba conectada día y noche. No le gustaban las fiestas ni los tumultos de gente. Se aislaba con facilidad y se refugiaba en su mundo interno, haciéndose casi invisible ante los demás. Se había criado en soledad y la alegría más grande la recibía cuando visitaba los fines de semana los hogares de niños abandonados.

Se recibió con honores de doctora en medicina genética. Ese día, después de la cena de titulación, le hizo la gran pregunta a su madre: ¿por qué su padre nunca la había querido? La madre no quería hacerle daño; sin embargo, le contó su historia desde el nacimiento y le explicó que ella no era la culpable. Ahora podía entender el rechazo de su padre; sin embargo, no lo comprendió.

Continuó su vida protegiendo a su madre y entregándole mucho amor, ya que siempre vio en sus ojos una mirada triste. Se acostumbró a salir de los laboratorios e irse a su casa como si huyera de algo; ahí encontraba su mejor compañía: su computadora. Era muy huidiza y así evitaba hablar con otras personas y más aún con los hombres, hasta que un día se le acercó un joven doctor que había sido trasladado de Chile, que a pesar de evitarlo cada vez que se cruzaba en su camino, un día ya no lo pudo hacer.

La invitó a un café y conversaron mucho acerca de Sudamérica hasta que se hizo de noche. Le llamó la atención que él era muy simpático y gracioso; sin embargo, ella tenía mucho miedo de ser ella misma, de mostrarse tal como era por miedo a ser rechazada.

Comenzaron a salir; fueron años llenos de amor y de libertad. Ella ya podía ser quién era sin miedo a ser rechazada. Llegó el momento más especial que se puede vivir con otra persona: se casaron y tuvieron su primera hija, que era igual a su madre. Él la adoraba. Luego vino el segundo hijo, un niño muy parecido a su abuelo. Cuando lo miraba, el niño lloraba y se lo entregaba a su padre. No entendía qué pasaba, tenía mucho dolor al sentirse rechazada por su propio hijo. Estas huellas de rechazo quedaron desde su nacimiento y no las había podido sanar.

Al tiempo, el destino dio la vuelta y su madre la llamó para contarle que su padre estaba muy enfermo y que solo una transfusión de sangre le podría dar de nuevo vida, y que la única persona que tenía esa sangre era su única hija. Ella, sin pensarlo dos veces, viajó a Perú después de muchos años fuera de ese país; la acompañaron su esposo y sus dos hijos.

Una vez que llegó al hospital, con su corazón confundido, sintiendo amor y odio al mismo tiempo, donó la sangre que necesitaba su progenitor. Su padre, ya libre de peligro, pidió que llamaran a su hija. Ella se acercó a quien por primera vez la miró. Él, ya anciano, con lágrimas en los ojos, le dio las gracias y le pidió perdón. Estaba arrepentido. Ella, al ver la sinceridad en su rostro y al escuchar esas palabras, sintió que su cuerpo se armaba de nuevo; se sintió completa. Tomó sus maletas y volvió a su casa, junto a su familia, con un corazón ya reparado. Hoy mira a sus hijos con un amor incondicional.

Esta herida nos muestra cómo se lleva de generación en generación; es una de las heridas que cargamos todos. El dolor del rechazo es primigenio, nos marca a todos de una u otra manera. Una herida que va desde el rechazo de acuerdo con la creencia que sintió el hombre al ser expulsado del paraíso por su padre, donde tuvo que escapar y esconderse para no ser visto desnudo tal cual era. Por eso una de las máscaras de esta herida es la del huidizo, porque nos ayuda a no enfrentar la vida libre, tal como somos por miedo a ser rechazados.

Las heridas de la infancia no se ven, pero pueden arraigarse con profundidad en nuestra alma y convivir con nosotros el resto de nuestros días. Una de las heridas emocionales más profundas es la del rechazo; por esta razón la primera reacción de la persona que sufre de esa herida será huir. La persona que padece de esta herida se caracteriza por infravalorarse y buscar la perfección. Esta situación la llevará a una búsqueda constante del reconocimiento de los otros.

Desde el instante en que el bebé se siente rechazado, va creando la máscara de la huida. Esta persona duda de su derecho a existir; adopta esa actitud creyendo que esa actitud la protegerá. Un niño que tiene la máscara del huidizo, con frecuencia, vive en un mundo imaginario; por eso es que se considera un niño tranquilo, que no causa problemas ni hace ruido. La persona huidiza, como se muestra en el personaje principal, se infravalora; debido a ello necesita a toda costa ser perfecto y obtener el reconocimiento ante sus propios ojos y ante los demás.

Las personas que tienen la herida del rechazo y poseen la máscara del huidizo con frecuencia se aíslan; son de tener pocos amigos. Entre más se aíslan, más invisibles se vuelven y de esta forma entran en un círculo vicioso: se alejan de los demás y tienen más motivos para sentirse rechazados. Buscan el amor del progenitor del mismo sexo y son muy sensibles al mínimo comentario que venga de ese progenitor. Si se siente rechazado puede volverse rencoroso y llegar a odiarlo. Es un amor que se vive con desilusión; sin embargo, en ocasiones proyectan su búsqueda hacia otras personas del mismo sexo.

Nuestra tarea diaria, para las personas que cargamos con esta herida de rechazo, es dejar de justificarnos que somos felices y tenemos una gran y profunda vida espiritual en soledad. Eso es el ego. La vida te necesita afuera también, junto a otros, para crecer. Tú eres el primero en aceptarte, eres una pieza única; no hay nadie igual a ti y eres hijo o hija del padre que te ama de forma incondicional.

La finalidad es que puedas tomar consciencia de esta herida y su máscara, para comenzar a sanar. La vida te espera para ser libre y feliz.

Epílogo

Mientras escribía este libro, sentí en cada una de mis células cada letra escrita. Se fueron activando cada una de las heridas en mí, las vivencié. Sentí el dolor profundo que significa cargar con cada una de ellas. Fueron días donde el miedo del abandono se apoderaba de todo mi ser. La herida del rechazo fue una de las que más dolió. Cuando terminaba alguna de las historias, ella asomaba con su máscara para huir y no continuar.

La injusticia también estaba con su rigidez. La traición apareció para autoboicotearme y no cumplir con lo que me había propuesto. Y la humillación que surgió con la vergüenza significó enfrentar este nuevo desafío en mi vida. Cada una de estas heridas estaba conmigo, las pude reconocer una a una y descubrir cuándo se habían grabado en mi alma.

Uno de los puntos que quisiera destacar en este libro es que te puedas dar cuenta de que todos cargamos con una o más de una de estas heridas, y que, como lector, conocieras a través de estas historias reales lo dolorosas e irreales que pueden llegar a ser, cuando nos maneja la vida un niño interno herido.

Sin embargo, la primera parte para comenzar a sanar este niño herido es reconocer con cuál de ellas has cargado durante tantos años. A partir del reconocimiento te invito a que no me creas, solo experimenta hacer un cambio en tu vida si sabes que cargas con alguna de ellas. Por ejemplo, si cargas con la herida del abandono y te cuesta salir a caminar solo o sola, camina en soledad. Hazlo una y otra vez, como quien entrena un músculo, y sé consciente de cómo se activa esta herida. Percíbela, siéntela en lo más profundo y verás que un día ya no producirá la sensación de dolor, miedo o incomodidad. Al contrario, te darás cuenta de cómo cada día serás más libre, único y feliz.

Hoy agradezco esta experiencia. Me ayudó mucho a tener compasión con quienes cargan cada una de estas heridas, a comprender sus actitudes y, con más fuerza que nunca, a acompañar a sanarlas.

Inesita, te abrazo con todo mi amor y cuenta conmigo hasta el último de mis días.

Sobre la autora

La autora es chilena, nació en Viña del Mar, está casada y es una orgullosa madre de una hija y de un hijo. Su formación profesional la realizó en la Universidad de Valparaíso, como licenciada en fonoaudiología. Trabajó en forma activa como fonoaudióloga durante veinte años en el ámbito educacional, en los cuales creó colegios para niños de escasos recursos en poblaciones de Viña del Mar.

En la actualidad, pertenece a un equipo de gestión pedagógica, desde donde realiza aportes desde el ámbito socioafectivo. En forma paralela, por una motivación personal, capacidad de asombro y de aprendizaje de la vida, estudió diferentes líneas de la espiritualidad humana. Su camino de estudios comienza a los diez años de edad, cuando fue iniciada en la meditación trascendental. Luego, su recorrido lo complementó con iniciaciones en el reiki, el tarot, el chamanismo, la terapia ritual, y las herramientas como *coach* basadas en el liderazgo. Así continuó con diferentes mentores nacionales e internacionales como Joe Dispenza, Enric Corbera, Tony Robbins, Anamar, Andito, Dánica, Dani del Alma, Alberto Villoldo y muchos otras personas que aportaron, en forma importante, conocimientos y experiencias para poder entregar sanación y motivación a muchas personas en sus diferentes talleres y consultas privadas.

Dentro de su experiencia ha sido formadora de diferentes talleres de crecimiento personal y empoderamiento para mujeres y hombres, integrando la neurociencia y lo ancestral, con un lenguaje dirigido al inconsciente con metáforas y rituales.

Además, fue fundadora del centro holístico Mi Espacio de Consciencia, que viaja por diferentes lugares con capacitaciones, talleres y conferencias donde se necesite aportar al servicio de la vida.

Lecturas recomendadas

¿Mi mamá me ama? Cómo vivir y sobrevivir a una madre borderline (trastorno limítrofe de la personalidad) (Victoria Chicurel Levin)

Mírame, aquí estoy (Angélica Ortiz-Arrieta)

www.ingramcontent.com/pod-product-compliance
Lightning Source LLC
LaVergne TN
LVHW090127160826
845673LV00015B/1094

* 9 7 8 6 1 2 5 1 4 2 0 0 9 *